Snežana Stefanović

Serbian:
Vocabulary Practice A1
to the Book "Idemo dalje 1"
- Latin Script

Textbook with

Words and Phrases and English Translation

2. Edition

Level A1 – Beginner

SERBIAN-READER.COM

SADRŽAJ – CONTENT

Introduction

Words and Phrases in Latin Script

with English Translation

Introduction

The concept of the work "Serbian: Vocabulary Practice A1 to the Book 'Idemo dalje 1' – Latin Script (Level A1 – Beginner)" was developed as a supplement to the reading book "Serbian: Idemo dalje 1". The vocabulary practice contains alphabetically sorted words, terms and expressions that can also be found in the reading book, and for each word there is one or more sentences as an example. The sentences serve to make it easier to remember the word in context.

The vocabulary practice can also be used independently of the rest of the accompanying material, as a stand-alone reading or as a reference tool while learning Serbian. In terms of grammar, the sentences are written in the present tense and the topics are adapted for language level A1 beginner according to the CEFR (Common European Framework of Reference for Languages).

For more information about other books in the "Serbian-Reader" series, please visit the following website: www.serbian-reader.com

Words and Phrases in Latin Script with English Translation

Abbreviations:

acc. – accusative
coll. – colloquial language
dat. - dative
dia. – dialect
f - female
fig. – figurative
gen. – genitive
inf. – infinitive
inst. – instrumental
loc. – locative
m – male
n - neuter
N - nominative
pfv. a. – perfective aspect
pl. – plural
PPA – past participle active
sg. – singular
voc. – vocative

A

a – but; and

> *"a" is an opposing "and" and stands for "and but"*

> *Sofija želi da jede supu i glavno jelo, a Marko samo supu. –*
> *Sofija wants to eat a soup and the main course, but Marko only*
> *wants the soup.*

Marija je dobro, a Marko nije. – Marija is doing well, but Marko is not doing well.

ajvar – spread (also as a side dish) of peppers and melanzani

Ja volim ajvar. A ti? – I like "ajvar". And you?

album fotografija – photo album

Ovo je moj stari album fotografija. – This is my old photo album.

alergija – allergy

Mislim da imam alergiju, stalno kišem. – I think I have an allergy, I sneeze all the time.

ali – but

Ali zašto? – But why?

alternativa – alternative

Imamo li neku drugu alternativu? – Do we have another alternative?

američki – American

Voliš li američke filmove? – Do you like American films?

apoteka – pharmacy

Idem u apoteku. – I am going to the pharmacy.

autobuska stanica – bus station, bus stop

Gde je ovde autobuska stanica? – Where is the bus stop?

autom – by car

Dolazimo autom. – We are coming by car.

B

baba – grandma

Gde živi tvoja baba? – Where does your grandma live?

bar – at least

Odmori se bar pet minuta! – Rest at least 5 minutes!

baš – (*emphasis word*) just, but, really, yet

Ovo dete je baš smešno! – This child is really funny!

baviti se, ja se bavim – to occupy oneself; **baviti se sportom** – to do sport

Kojim sportom se baviš? – What kind of sport do you do?

beli, bela, belo (m/f/n) – white

Moja košulja nije bela nego siva. – My shirt is not white, but grey.

bez (+ *gen.*) – without

Ne mogu da idem bez tašne! I can't go out without the bag!

biber – pepper

Gde je biber? – Where is the pepper?

biti (ja sam) – to be (I am)

bivši, bivša, bivše (m/f/n) – former

Ovo je moj bivši kvart. – This is my former neighbourhood.

blizini → u blizini – near, nearby

U blizini je dobar kafić. – There is a good cafe nearby.

blizu – near, close

Moja kuća je blizu bolnice. – My house is close to the hospital.

boca – bottle

Ali boca je prazna! – But the bottle is empty!

boksati, ja boksam – to do box

Moj brat boksa već dve godine. – My brother has been boxing for 2 years.

bolestan, bolesna, bolesno (m/f/n) – ill, sick

Ko je bolestan? – Who is ill?

Marija je bolesna. – Marija is ill.

bolje – better

Sad mi je bolje. – I feel better now. (mi = we; me)

brat – brother

Ja nemam brata. – I don´t have a brother.

bratić – cousin

Moj bratić se zove Nemanja. – My cousin´s name is Nemanja.

briga – worry

Bez brige! – Don´t worry!

brzina – speed; **na brzinu** – quickly

Možemo da popijemo kafu na brzinu pa idemo. – We can finish the coffee quickly and then we'll go.

brzo – fast

Zašto trčiš tako brzo? – Why are you running so fast?

buditi se, ja se budim – to wake up

Kada se obično budiš? – What time do you usually wake up?

C

centar – center

Gde je centar grada? – Where is the city center?

ceo dan – all day

Sutra radim ceo dan. – Tomorrow I'll work all day.

cipela – shoe

Gde su moje cipele? – Where are my shoes?

crni, crna, crno (m/f/n) – black

Volim crnu kafu bez šećera. – I like black coffee without sugar.

crtati, ja crtam – to draw

Šta crtaš? – What are you drawing?

Č

čaj (pl. **čajevi**) – tea

> *Voliš li čaj od kamilice? – Do you like chamomile tea?*

čekanje – waiting

> *Ovo čekanje je predugo! – This waiting takes too long!*

čekati, ja čekam – to wait

> *Kako dugo moramo da čekamo? – How long should we wait?*

Čestitam! – Congratulations!

često – often

> *Ja ne idem često u operu. – I don´t go to the opera often.*

čokolada – chocolate

> *Ne, ja ne jedem čokoladu. – No, I do not eat chocolate.*

Ć

Ćao! – Bye!; Hello!

ćerka – daughter

> *Moja ćerka se zove Gordana. – My daughter´s name is Gordana.*

ćevapi (pl.) (also: *ćevpčići*) – minced meat rolls

> *Idemo na ćevape/ćevapčiće? – Are we going to eat „ćevapi“/ „ćevapčići“?*

da – yes; that

> *Da, želim da Nemanja isto ide s nama. – Yes, I will also that Nemanja comes with us.*

dakle – well, so

> *Šta to dakle znači? – Well, what does that mean?*

daleko – far away

> *Bioskop nije daleko. – The cinema is not far away.*

dan – day

> *Koji je dan danas? – What day is today?*

danas – today

> *Danas je divan dan. – Today is a beautiful day.*

Deco! (*voc.*) – Children!

deda (*coll.*) – grandpa

> *Je li tvoj deda živ? – Is your grandpa alive?*

desert – dessert

> *Za desert želim tortu. – For dessert I want a cake.*

desno – right

> *Desno je toalet, a levo je izlaz. – To the right is the toilet, and to the left is the exit.*

devojka – girlfriend (*love relationship*); young woman

Nemanja nema više devojku. – Nemanja has no girlfriend anymore.

Moja sestra je veoma lepa devojka. – My sister is a very beautiful young woman.

dijeta – diet

Ne, nisam više na dijeti. – No, I am not on a diet anymore.

divan, divna, divno (m/f/n) – beautiful

Ova slika je divna. – This picture is beautiful.

do – until; **do kasno** – until late

Imam sastanak do pet. – I have a meeting until 5.

Sutra radim do kasno. – Tomorrow I'll work until late.

Dobar dan! – Good day!

dobro – good

dođe – he comes; inf. **doći, ja dođem** (*pfv. a.*) – to come

Ja ne mogu da dođem na rođendan. – I can't come to the birthday party.

dogovor – agreement, deal

Imam dogovor s Marijom u vezi učenja. – I'm meeting with Maria regarding studying.

Dogovoreno! – Deal!

dolaziti, ja dolazim – to come

Ja dolazim iz Srbije. – I come from Serbia.

domaća kuhinja – home cooking

> *Ja najviše volim domaću kuhinju. – I like home cooking best.*

donositi, ja donosim – to bring

> *Donosim dobre vesti! – I'm bringing good news!*

doručak – breakfast

> *Kada je doručak? – When is breakfast?*

doručkovati, ja doručkujem – to have breakfast

> *Ja obično ne doručkujem. – I usually don't eat breakfast.*

Doviđenja! – Goodbye!

Drago mi je. – I am glad.

drugačiji, drugačija (m/f) – different, of a different kind

> *Moj brat je drugačiji od mene. – My brother is different from me.*

drugi put – next time, another time, a second time

> *Drugi put idemo na kafu, zar ne? – Next time we'll go for a coffee, won't we?*

dug, duga, dugo (m/f/n)   long

> *Kako imaš dugu kosu! – How long your hair is!*

dugo – long

> *Već se dugo vozimo. – We've been driving for a long time.*

Đ

đus – orange juice

Molim kafu i đus! – I'll have a coffee and an orange juice!

E

ekonomija – economy

Oni imaju stabilnu ekonomiju. – They have a stable economy.

evropski – European

Ne gledam evropsku odbojku. – I don't follow European handball.

F

farmaceut – pharmacist

Moj komšija je farmaceut. – My neighbour is a pharmacist.

fino – fine

Kolač je fin. – The cake is fine.

fotografisanje – photography

Njegov hobi je fotografisanje. – His hobby is taking pictures.

fotografisati, ja fotografišem – to take a picture

Ne želim da se fotografišem. – I don't want to be photographed.

frizura – hairstyle

Imaš novu frizuru? – Do you have a new hairstyle?

fudbal – soccer, football

Ja volim fudbal. A ti? – I like soccer/football. And you?

G

ga – (*acc.*) him

Ne vidim ga. – I don´t see him.

gazirana voda – sparkling mineral water

Molim gaziranu vodu. – I want sparkling mineral water.

gde – where

gibanica – cheese strudel

Ne, ne znam šta je gibanica. – No, I don´t know what „gibanica“ is.

gladan, gladna, gladno (m/f/n) – hungry

Sonja, jesi gladna? – Sonja, are you hungry?

godišnjica braka – wedding anniversary

Moji roditelji slave godišnjicu braka u subotu. – My parents are celebrating their wedding anniversary on Saturday.

gojazan, gojazna, gojazno (m/f/n) – fat

Ne, ti nisi gojazan. – No, you are not fat.

gorak, gorka, gorko (m/f/n) – bitter

Salata je gorka. – The salad is bitter.

gospodin – Mr.

gospođa – Mrs.; *voc.*: **Gospođo!**

gost – guest

Naš gost govori srpski veoma dobro. – Our guest speaks Serbian very well.

gotov – finished, done

Gotovo? – Done?

gotov, gotova, gotovo (m/f/n) – finished

Vesna još nije gotova sa supom. – Vesna is not finished with the soup yet.

govoriti, ja govorim – to speak

Još ne mogu brzo da govorim srpski. – I can´t speak Serbian quickly yet.

građevinski tehničar – construction technician

Firma „Mostogradnja“ traži građevinskog tehničara. – The company „Mostogradnja“ is looking for a construction technician.

grašak – peas

Ja volim da jedem grašak. – I like to eat peas.

Grčka – Greece

Moja koleginica dolazi iz Grčke. – My colleague is from

Greece.

gust – thick

Ja ne volim guste supe. – I don´t like to eat thick soups.

H

haljina – dress

Imaš novu haljinu? – Do you have a new dress?

himalajska so – Himalayan salt

Gde ima da se kupi himalajska so? – Where can you buy the Himalayan salt?

hobi (pl. **hobiji**) – hobby

Koji je tvoj hobi? – What hobby do you have?

hoćeš? – do you want?; inf. **hteti, ja hoću** – to want

Hoćemo u nedelju na bazen? – Do we want to go swimming on Sunday?

hvala lepa – thank you a lot; **hvala vam** – I thank you

I

i – and; also

1. „i“ is used in enumerations and means „and“:

Vanja i Marko su studenti. – Vanja and Marko are students.

Jabuke i kruške su voće. – Apples and pears are fruit.

2. If „ i “ is not between two nouns and therefore has no enumeration, it has the meaning „also, likewise“ and refers to the following word:

I Tijana je učiteljica. – Tijana is also a teacher.

Želim da jedem za ručak i puding. – I also want to have a pudding for lunch.

Ide. – It goes.

ideja – idea

Imaš bolju ideju? – Do you have a better idea?

Idite! – Go!

idući put – next time

Idući put se vidimo kod mene. – Next time we´ll see us at my place.

igrati se, ja se igram – to play

Ja želim da se igram. – I want to play.

Ja želim da igram šah. – I want to play chess. (if the object is expressed „se“ is omitted)

ili – ili = either – or

Idemo ili u operu ili u bioskop. – We are either going to the opera or to the cinema.

ima – there is

Šta ima za ručak? – What are we having for lunch?

imati, ja imam – to have; **ima** – there is

Ja imam ispit u utorak. – I have the exam on Tuesday.

Šta ima novog? – What's new?; Nema ništa novog. – There is nothing new.

ime – name

Koje je njegovo ime? – What is his name?

imendan – name day

Ja ne slavim imendan. – I don't celebrate the name day.

inače – otherwise

Kako je inače? – How else are you?

indijski čaj – Indian tea

Ne pijem indijski čaj. – I don't drink Indian tea.

interesantno – interesting

To je veoma interesantno. – That is very interesting.

inzistirati, ja inzistiram – to insist

Ja inzistiram na tome. – I insist.

ionako – anyway

Ne idem sada nikuda, ionako je prekasno za izlazak. – I'm not going anywhere, it's too late anyway.

Irska – Ireland

On živi u Irskoj. – He lives in Ireland.

ispit – exam

Kada imaš ispit? – When do you have the exam?

isti, ista, isto (m/f/n) – same

Ona ima istu bluzu kao Dijana. – She has the same blouse as Dijana.

istina – truth

To je istina. – That is true. That is the truth.

isto – also, the same thing

Ja želim isto kao i on. – I want the same thing as him.

isto tako – as… as

Tvoja kuća je isto tako lepa kao njegova. – Your house is just as beautiful as his.

Italija – Italy

Ona živi u Italiji. – She lives in Italy.

italijanski, italijanska (m/f) – Italian

Volim italijansku modu. A ti? – I like Italian fashion. And you?

iz – from

On dolazi iz Berlina. – He comes from Berlin.

izgledati, ja izgledam – to look

Izgledaš super. – You look great.

izgubljen, izgubljena, izgubljeno (m/f/n) – lost

Ah, tu je moj izgubljen ključ. – Oh, there's my lost key.

izlazak – exit

Maja ima izlazak do devet. – Maja should be home by 9.

izlaziti, ja izlazim – to go out

Kuda izlazimo u subotu? – Where are we going out on Saturday?

izuzetno – extraordinary, exceptionally

On izuzetno dobro igra fudbal. – He plays soccer/football extraordinary well.

Izvinite! – Excuse me!

izvrsno – excellent

To je jednostavno ali izvrsno! – This is simple but excellent!

J

jagoda – strawberry

Jedeš jagode? – Do you eat strawberries?

jaje – egg

Ja ne jedem jaja, ja sam vegan. – I don't eat eggs, I eat vegan.

jagnjetina – lamb

Moja mama pravi jagnjetinu u nedelju. – My mom prepares lamb on Sunday.

jedan, jedna, jedno (m/f/n) – one

Molim samo jedan hleb, ne dva. – I only want one loaf of bread, not two.

jedinica – only child (*female*)

Ljiljana je naša jedinica. – Ljiljana is our only child.

jedino – only

Sve je super, jedino nemamo kašiku. – Everything is great, only the spoon is missing.

jedno po jedno – one by one

Ne sve odjednom nego jedno po jedno. – Not all at once, but one by one.

jednostavno – simple

To je jednostavno tako. – That´s just the way it is.

jelo – dish

Jela ovde su odlična. – The dishes here are excellent.

jelovnik – menu

Imate jelovnik? – Do you have the menu?

jezik – language

Misliš da je srpski jezik komplikovan? – Do you think Serbian language is complicated?

joj – (*dat.*) her

Reci joj da kasnim. – Tell her I´ll be late.

još – more, else, yet

> *Šta još? – What else?*

K

kad = **kada** – when

> *Kada se vidimo? – When will we see each other?*

kafa – coffee

> *Volim jaku kafu. – I usually drink strong coffee.*

kafić – cafe: **u kafiću** – in the cafe

> *Poznaješ li dobar kafić? – Do you know a good cafe?*

kajmak – cream as spread (*Serbian specialty*)

> *Moram probati kajmak. – I must try „kajmak“.*
>
> *Šta se jede s kajmakom? – What do you eat with „kajmak“?*

kajsija – apricot

> *Ja volim kajsije. – I like to eat apricots.*

kakav, kakva, kakvo (m/f/n) – how, what kind (*characteristic*)

> *Kakva je kafa ovde? – How is the coffee here?*

kamilica – chamomile; **čaj od kamilice** – chamomile tea

> *Ja želim samo čaj od kamilice. – I just want a chamomile tea.*

kao – like, as (*comparing*)

On se smeje kao malo dete. – He laughs like a toddler.

„Karađorđeva šnicla" (*coll.*) = **„Karađorđev odrezak"** (*standard*) =
Schnitzel Karadjordjes style (filled with cream)

*Moram da probam Karađorđevu šniclu. – I have to try
„Karađorđeva šnicla".*

karakter – character

*On ima veoma ugodan karakter. – His character is very
pleasant.*

karate – karate

*Ja se bavim karateom već godinama. – I have been doing
karate for years.*

karta grada – city map

*Treba da kupimo kartu grada. – We are supposed to buy the city
map.*

kasno – late

Već je kasno. – It´s already late.

kaže – he/she/it says; inf. **kazati, ja kažem** – to say

On ne kaže ništa. – He doesn´t say anything.

kaže se – one say

*Kako se kaže „birthday" na srpskom? – How do you say
„birthday" in Serbian?*

kineska kuhinja – Chinese cuisine

Ja volim kinesku kuhinju. – I like to eat Chinese food.

kiša – rain

Pada kiša. – It is raining.

knjiga – book

Odlična knjiga! – An excellent book!

kod (+ *gen.*) – at, next, to; **kod njih** – at them; to them

Možemo da sednemo kod prozora. – We can sit next to the window.

kod kuće – at home

Gde si? – Kod kuće. = Where are you? – At home.

koga – (*acc.*) who

Koga gledaš tako pozorno? – Who are you looking at so attentively?

koji, koja, koje – which

Koji sto je naš? – Which table is ours?

kolač – cake

Ja mnogo volim da jedem kolače. – I like to eat cake.

koliko – how much

Koliko imaš godina? – How old are you?

Koliko je sati? = Koliko je časova? – What time is it?

komplikovan, komplikovana, komplikovano (m/f/n) – complicated

To nije komplikovano. – It is not complicated.

kompliment – compliment

> *Hvala za kompliment. – Thanks for the compliment.*

komšija – neighbour (*male*)

> *Moj komšija je ugodan. – My neighbour is pleasant.*

konobar – waiter; *vocative*: Konobare!

konobarica – waitress

> *Konobarica je mlada. – The waitress is young.*

košarka = **basket** (coll.) – basketball

> *Moj sin igra košarku. – My son plays basketball.*

krompir – potato, potatoes

> *Volim da jedem krompir. – I like to eat potato.*

krompir pire – mashed potatoes

> *Danas imamo za ručak krompir pire. – Today we have mashed potatoes for lunch.*

kući – (to go) home

> *Idemo kući. – We are going home.*

kuda – where to

> *Kuda idemo? – Where are we going?*

kuhinja – kitchen

> *Imate lepu kuhinju! – You have a beautiful kitchen!*

kupiti, ja kupim (*pfv. a.*) – to buy

Ne moraš ništa da kupiš ako ne želiš. – You don't have to buy anything if you don't want to.

kupovati, ja kupujem – to buy, to do shopping

Sada kupujem. – I'm shopping now.

kuvar – cook

Je li on kuvar po zanimanju? – Is he a cook by profession?

kuvati, ja kuvam – to cook

Ja ne kuvam svaki dan. – I don't cook every day.

L

lažeš – you lie; inf. **lagati, ja lažem** – to lie

Misliš da on laže? – Do you think he's lying?

lekarka – doctor (*female*)

Imam veoma dobru lekarku. – I have a very good doctor.

lenčariti, ja lenčarim – to be lazy

Nedeljom lenčarim. – I am lazy on Sundays.

lep, lepa, lepo (m/f/n) – beautiful

Kako lepo dete! – Such a beautiful child!

levo – left

Trebate da skrenete levo! – You are supposed to turn left!

lift – lift, elevator; **u liftu** – in the elevator; **liftom** – by elevator

Idemo liftom? – Are we going by elevator?

lignja – calamari

Ne, ne jedem lignje. – No, I don´t eat calamari.

limun – lemon; **s limunom** – with lemon

Ja želim čaj s limunom. – I would like a tea with lemon.

lokal – restaurant, place

Ne, ne znam taj lokal. – No, I don´t know this place.

luk – onion

Ne volim luk u hrani. – I don´t like onion in my food.

Lj

ljubazno – nice

To je veoma ljubazno od vas. – That´s very nice of you.

ljut, ljuta, ljuto (m/f/n) – spicy; angry, annoyed

Salata je ljuta. – The salad is spicy.

Igor je ljut. – Igor is annoyed.

M

mali, mala, malo (m/f/n) – small

Bicikl je mali. – The bike is small.

mama – mom, mum

Da, poznajem tvoju mamu. – Yes, I know your mother.

manje – less

To je mnogo manje. – That's a lot less.

matematika – mathematics

Ja volim matematiku. A ti? – I like mathematics. And you?

me – (*acc.*) me

Vidiš me? – Do you see me?

med – honey

Želim čaj s medom. – I wolud like a tea with honey.

medicina – medicine

Moj sin studira medicinu. – My son is studying medicine.

medicinska sestra – nurse

Ona je medicinska sestra po zanimanju. – She is a nurse by profession.

mene – (*acc; gen*) me (*long form*)

On treba da dođe po mene. – He is supposed to pick me up.

mesec – month; **mesec dana** – for a month

Ja obično provodim mesec dana kod babe. – I usually spend a month with my grandma.

meso – meat

Ja ne jedem meso. – I don´t eat meat.

mineralna voda – mineral water

Mogu da dobijem mineralnu vodu? – Can I get mineral water?

misliti, ja mislim – to think

I ja tako mislim. – I agree.

mleko – milk

On ne pije mleko. – He doesn´t drink milk.

mleveno meso – minced meat

Trebaš da kupiš mleveno meso. – You should buy minced meat.

mnogo – much, lot

Mnogo ti hvala. – Thank you so much.

moći, ja mogu – can

ti možeš, on/ona/on može; mi možemo, vi možete, oni/one/ona mogu

Možeš da kratko dođeš? – Can you come for a moment?

molim vas – please

Molim vas čašu vode! – Can I get a glass of water?

Molim! – Please!

morati, ja moram – must

Moram da idem. – I have to go.

morska so – sea salt

Morska so je bolja. – Sea salt is better.

možda – maybe

Možda kasnije. – Maybe later.

može (*coll.*) – O.K., alright

Idemo na kafu? – Može. = Let's go for a coffee? – Alright.

N

na – at; on

Ideš na kurs srpskog jezika? – Are you attending the Serbian course?

Ja sam sada na pošti. – I'm at the post office now.

nadati se, ja se nadam – to hope

Ja se nadam da je Maja gotova. – I hope that Maja is ready/ finished.

nadimak – nickname

Njegov nadimak je Bobi. – His nickname is Bobi.

najlepši, najlepša, najlepše – the most beautiful

To je stvarno najlepša kuća. – This is really the most beautiful house.

najmanje – least, at least, the least

To je najmanje šta mogu da uradim. – This is the least what I can do.

napolje – (*where to*) out; **napolju** – (*where*) outside

Idemo napolje da se šetamo. – Let´s go out for a walk.

Leo je napolju s decom. – Leo is outside with the kids.

napraviti, ja napravim (*pfv. a.*) – to make; to prepare

Danas želim da napravim kolač. – I want to make a cake today.

naravno – of course

Ja naravno dolazim. – I'll come, of course.

narezati, ja narežem (*pfv. a.*) – to cut; **narezati na sitno** – to cut in small pieces

Jabuke trebaš da narežeš na sitno. – I want you to cut the apples into small pieces.

naručiti, ja naručim (*pfv. a.*) – to order

Hoćemo da naručimo? – Shall we order?

narudžba – order

To nije naša narudbža. – This is not our order.

naučiti, ja naučim (*pfv. a.*) – to learn

Moram li da naučim sve? – Do I have to learn everything?

naveče = **uveče** – in the evening

Naveče idemo na izložbu, zar ne? – In the evening we are going to the exhibition, aren´t we?

navika – habit

To radim iz navike. – I do it out of habit.

nazvati, ja nazovem (*pfv. a.*) – to call

Možeš da me nazoveš kasnije? – Can you call me later?

nažalost – unfortunately

Nažalost ne mogu da dođem. – Unfortunately, I can´t come.

nećak – nephew

Njen nećak je još mali. – Her nephew is still small.

nedelja – week; Sunday

Cela nedelja je bila puna stresa. – The whole week was stressful.

U nedelju idemo na izlet. – On Sunday we will go on a trip.

negazirana voda – non-carbonated water, still water

Ja pijem samo negaziranu vodu. – I drink only still water.

nego   but; than (*comparative*)

On ne pije sok nego čaj. – He doesn´t drink juice, but he drinks tea.

Bicikl je bolje nego auto. – A bicycle is better than a car.

nekoliko – some

Nekoliko ljudi se smeju. – Some people are laughing.

nema – there is not, there are not

Danas nema ništa novog. – There is nothing new today.

nema na čemu – you´re welcome

Hvala. – Nema na čemu. = Thank you. – You´re welcome.

Nemačka – Germany

Putujem u Nemačku. – I´m going to Germany.

Ja sam u Nemačkoj. – I am in Germany.

nemački jezik – German language

Nemački jezik je veoma interesantan. – German is very interesting.

nemati, ja nemam – to not have

Ja nemam rukavice. – I don´t have gloves.

nepušač – non-smoker

Ko je ovde nepušač? – Who is a non-smoker here?

nešto – something

Hoću nešto da ti kažem. – I want to tell you something.

nezdravo – unhealthy

To je u svakom slučaju nezdravo. – It´s definitely unhealthy.

ni – neither, also not

Ne želim kafu. Ali ni čaj. – I don´t want coffee. No tea either.

nikad = nikada – never; **nikad bolje** – never better

Ja nikada ne jedem kajsije. – I never eat apricots.

Kako si? – Nikad bolje. = How are you? – Never better.

niko – no one, nobody

Niko ovde ne pije alkohol. – Nobody here drinks alcohol.

ništa – nothing

Mi ne želimo ništa. – We don´t want anything.

no – (*emphasis word*) well; **no dobro** – well, all right

No dobro, možemo da uzmemo i desert. – Well, we can have a dessert, too.

novi, nova, novo (m/f/n) – new

To je moj novi komšija. – This is my new neighbour.

Nj

nje → **kod nje** – next to her; at her place

Ja slavim moj rođendan kod nje. – I´m celebrating my birthday at her place.

O

obavezno – absolutely, definitely

Moramo obavezno da se vidimo. – We absolutely have to see each other.

obdanište – kindergarten

Moje dete ide u obdanište. – My child goes to kindergarten.

oblačno – cloudy

Danas je oblačno. – Today is cloudy.

obzir → ne dolazi u obzir – it is out of the question

Ja plaćam naše kafe. – Ne, ne dolazi u obzir. = I´ll pay for our coffees. – No, it´s out of the question.

od – from, by (*material*)

Želim sok od kruške. – I would like a pear juice.

odakle – from where

Odakle dolaziš? – Iz Amerike. = Where do you come from? – From America.

odličan, odlična, odlično (m/f/n) – excellent

Vino je odlično. – The wine is excellent.

odluka – decision

To nije lagana odluka. – This is not an easy decision.

odmah – immediately

Odmah dolazim! – I´ll be right there!

odrastao – adult

On nije dete, on je odrastao. – He is not a child, he is an adult.

oko – around

Vidimo se oko deset. – See you around 10.

okus – taste

Ah, kakav okus! – Oh, what a taste!

omiljeno jelo – favourite dish, favorite food

> *Moje omiljeno jelo je supa. – My favorite dish is soup.*

onda – then

> *I onda? – And then?*

opet – again

> *Kad pijemo kafu opet? – When are we going to have coffee again?*

orman – cupboard, cabinet, wardrobe

> *Moj orman je pun. – My cupboard is full.*

osećati se, ja se osećam – to feel

> *Ne osećam se dobro. – I don't feel well.*

osim – except

> *Trebam sve osim kaputa. – I need everything except coat.*

osim toga – besides

> *Ja želim osim toga i sok. – Besides I want also a juice.*

ostati, ja ostanem (*pfv. a.*) – to stay

> *Možeš da ostaneš još malo? – Can you stay a little longer?*

otvoriti, ja otvorim (*pfv. a.*) – to open

> *Možeš da otvoriš vrata? – Can you open the door?*

ovaj put – this time

> *Ovaj put idemo u pozorište, ali drugi put idemo u bioskop. –*

This time we are going to the theater, but next time we'll go to the cinema.

ovde – here

Kako je lepo ovde! – How beautiful it is here!

ozbiljno – seriously

Ja to mislim ozbiljno! – I am serious!

ozdravljenje – recovery

Želim ti brzo ozdravljenje! – Get well soon!

P

pa – (*emphasis word*) but; then

Pa to ne znam! – But I don't know that!

Idite levo pa desno pa levo. – Go left, then right, then left.

padati, ja padam – to fall

Kiša pada. – It's raining.

pametan, pametna, pametno (m/f/n) – clever, smart

Vera je pametno dete. – Vera is a clever child.

paradajz (*coll.*) – tomato

Koliko koštaju paradajzi? – How much do tomatoes cost?

parmezan – parmesan

Da, ja to jedem s parmezanom. – Yes, I eat it with parmesan.

pasulj – beans

Ovaj pasulj je ukusan. – This bean dish is delicious.

pašteta – pate, pie of meat, pastry

Ne jedem paštetu. – I don't eat pate.

pauza – pause, break

Idemo na pauzu? – Are we going to the break?

peče – she bakes; inf. **peći, ja pečem** – to bake

ja pečem, ti pečeš, on/ona/ono peče; mi pečemo, vi pečete, oni/one/ona peku

Šta pečeš danas? – What are you baking today?

penjati se, ja penjem – to climb

Kuda se on penje? – Where is he climbing?

pepeljara – ashtray

Mogu da dobijem pepeljaru? – Can I get an ashtray?

petak – Friday; **u petak** – on Friday

Vidimo se u petak? – Will I see you on Friday?

pica – pizza

Danas imamo picu za ručak. – Today we have pizza for lunch.

pica tono – pizza tonno (*with tuna*)

Ja želim picu tono. – I'll order a pizza tonno.

picerija – pizzeria

Možemo da idemo u piceriju. – We can go to the pizzeria.

piće – drink

Hoćemo na piće? – Shall we go for a drink?

pirinač – rice; **s pirinčem** – with rice

Ja ne volim meso s pirinčem. – I don´t like meat with rice.

piše – it says

Šta piše u novinama? – What does the newspaper say?

pitati, ja pitam – to ask

Želim nešto da te pitam. – I want to ask you something.

piti, ja pijem – to drink

Šta pijemo? – What are we drinking?

pivo – beer

Molim dva piva. – Two beers please.

plaćati, ja plaćam – to pay

Ja sve plaćam. – I´ll pay for everything.

plan (pl. planovi) – plan

Kakav je tvoj plan za vikend? – What´s your plan for the weekend?

planina – mountain

Ja volim planine. A ti? – I like mountains. And you?

planirati, ja planiram – to plan

Ja volim da planiram. – I like to plan.

platiti – to pay

Ja želim da platim! – I want to pay!

po → do__ći__ po, ja do__đ__em po (*pfv. a.*) – to pick up

On treba da dođe po mene. – I want him to pick me up.

po – over, in, through

Ja volim da šetam po gradu. – I like to walk through the city.

po zanimanju – by profession

Šta si po zanimanju? – What is your profession?

počinjati, ja počinjem – to begin, to start

Kada počinjemo s kursem? – When do we start the course?

pogledati, ja pogledam (*pfv. a.*) – to look at, to take a look at

Možeš kratko da pogledaš moj tekst? – Can you take a look at my text?

pokazati, ja pokažem (*pfv. a.*) – to show

Možeš da mi pokažeš svesku? – Can you show me your notebook?

poklon – present, gift

To je predivan poklon! – This is a beautiful gift!

pokušavati, ja pokušavam – to try

Ja stalno pokušavam, ali ne ide. – I keep trying, but it doesn't work.

pola – half

> *Želim samo pola hleba. – I only want to have half a loaf of bread.*

polako – slowly

> *Ja volim polako da čitam. – I like to read slowly.*

policajac – policeman

> *Znate li gde mogu da nađem policajca? – Do you know where I can find a policeman?*

pomoć – help

> *U pomoć! – Help!*

pomognem – I help; inf. **pomoći, ja pomognem** (*pfv. a.*) – to help

> *Mogu da vam pomognem? – Can I help you?*

ponekad – sometimes

> *Ja samo ponekad idem u bioskop. – I go to the cinema sometimes.*

ponuda – offer

> *To je dobra ponuda. – This is a good offer.*

porcija – portion

> *To je prevelika porcija za mene. – This is too big portion for me.*

poreklom – by descent

> *Njegov otac je poreklom iz Grčke. – His father is Greek by descent.*

porodica – family

>*Moja porodica nije velika. – My family is not big.*

posao – work, job

>*Idem na posao. – I'm going to work.*

>*Ja sam sada na poslu. – I am at work now.*

poseta – visit

>*Idemo u posetu. – We are going for a visit.*

posetiti, ja posetim (*pfv. a.*) – to visit

>*Ja želim da vas posetim u četvrtak. – I would like to visit you on Thursday.*

posle – after; **posle toga** – after that

>*Posle večere idemo u šetnju. – After dinner we will go for a walk.*

>*Posle toga sve je lepše. – Everything is nicer after.*

poslepodne – afternoon; in the afternoon

>*Vidimo se poslepodne. – See you in the afternoon.*

pošta   post office

>*Idemo na poštu. – We'll go to the post office.*

povrće – vegetables

>*Povrće je ove godine veoma dobro. – The vegetables are very good this year.*

poznat, poznata, poznato (m/f/n) – famous, well-known

Ona je poznata glumica. – She is a famous actress.

poznavati se, ja se poznajem – to know each other

Mi se poznajemo još iz školskih dana. – We have known each other since our school days.

praviti, ja pravim – to make; to prepare

Šta praviš danas za ručak? – What are you preparing for lunch today?

pravo – straight

Idi samo pravo! – Just go straight!

predavanje – lecture

Kada imaš predavanja? – When do you have lectures?

predivno – wonderful

To je predivno! – That is wonderful!

preporučivati, ja preporučujem – to recommend

Ja ti preporučujem da uzmeš i desert. – I also recommend you to take the dessert.

prevodilac – translator

Njegov otac je prevodilac. – His father is a translator.

prezime – family name

Kako je tvoje prezime? – What is your family name?

pričati, ja pričam – to talk

Ti malo pričaš, zar ne? – You don´t talk much, do you?

prilog – side dish

Ne želim prilog uz meso. – I don't want a side dish with the meat.

priroda – nature

Ja volim prirodu. A ti? – I like nature. And you?

probati, ja probam – to taste

Moraš da probaš kolač! Odličan je! – You must taste the cake! It's excellent!

problem – problem

Nema problema. – No problem.

prodavnica – store

Trebam da idem u prodavnicu. – I'm supposed to go shopping.

profesorka – professor (*female*)

Tvoja profesorka je veoma zgodna. – Your professor is very pretty.

prognoza vremena – weather forecast

Kakva je prognoza vremena za danas? – What is the weather forecast for today?

promeniti se, ja se promenim (*pfv. a.*) – to change

To može da se promeni, zar ne? – That can be changed, can't it?

pršut – air-dried ham

Ne jedem pršut. – I don't eat ham.

prvo – for now, first

> *Prvo da jedemo pa možemo dalje. – First we eat and then we can move on.*

puding – pudding; **puding od čokolade** – chocolate pudding

> *Ja ne jedem puding od čokolade. – I don't eat chocolate pudding.*

punjen, punjena (m/f) – filled, stuffed

> *Ne, ne znam recept za punjene paprike. – No, I don't know the recipe for stuffed peppers.*

pušenje – smoking

> *Ovde je pušenje zabranjeno. – Smoking is prohibited here.*

pušiti, ja pušim – to smoke

> *Ovde niko ne puši. – Nobody smokes here.*

put – way; **ovaj put** – this time

> *Gde je put? – Where is the way?*

> *Ovaj put ja plaćam kafu. – This time I'll pay for the coffee.*

R

raditi, ja radim – to work; to make, to do

> *Gde radiš? – Where do you work?*

> *Radim domaći zadatak. – I do the homework.*

rado – with pleasure, gladly

> *Hoćeš da mi pomogneš? – Rado. = Do you want to help me? – Gladly.*

rano – early

> *Ja ustajem rano ujutro. – I get up early.*

razgovor – talk, conversation

> *Kakav razgovor vodite? – What kind of conversation are you having?*

razred – class

> *U koji razred ide tvoj sin? – What class does your son attend?*

razumeti, ja razumem – to understand

> *Ne razumem sve. – I don't understand everything.*

recept – recipe

> *Možeš da mi daš recept? – Can you give me the recipe?*

Reci mi! – Tell me!

Reci! – Tell me! Say!

Recite mi! – Tell me! (*polite form*)

redu → u redu – all right

restoran – restaurant; **u restoranu** – in the restaurant

> *Idemo u restoran? – Are we going to the restaurant?*

rezervni plan – backup plan

Ne, nemam rezervni plan. – No, I don't have a backup plan.

riba – fish

Uz ribu ide dobro crno vino. – Red wine goes well with fish.

roditelji – parents

Moji roditelji su veoma zabavni. – My parents are very amusing.

rođendan – birthday

Kada imaš rođendan? – When is your birthday?

rolat – roulade

Rolat je veoma ukusan. – The roulade is very tasty.

roštilj – barbecue

Idemo na roštilj kod Vuka? – Let's go to the barbecue at Vuk's?

ručak – lunch, midday meal

Za ručak imamo samo supu. – For lunch we have only soup.

ručati, ja ručam – to eat at lunch, to have lunch

Ne, danas ne ručam. – No, today I don't eat at lunch.

ruka – hand

Šta imaš u ruci? – What's in your hand?

runda – round

Ova runda je moja. – This round is on me! I'll pay for the round!

s = sa – with

> *Idem s Markom u Novi Sad. – I´m going to Novi Sad with Marko.*

> *Idem sa Suzanom u bioskop. – I´m going to the cinema with Suzana.*

sada = sad – now

> *Sad ili nikad! – Now or never!*

salata – salad

> *Želim zelenu salatu. – I want a green salad.*

salveta – napkin

> *Mogu da dobijem salvetu? – Can I get a napkin?*

sam, sama, samo (m/f/n) – alone; by yourself, yourself

> *Ja sam sam kod kuće. – I am alone at home.*

> *Ja sam pečem hleb. – I bake the bread myself.*

samo – only; **samo malo** – a moment; just a little

> *Trebam samo malo soli. – I just need a little salt.*

> *Pričekaj samo malo! – Wait a moment!*

sarma – cabbage roll, cabbage wrap

> *Danas jedemo sarmu. – Today we eat "sarma"/cabbage roll.*

sat = čas – clock; **koliko je sati?** – What time is it? = **koliko je časova?**

se – itself; one

Trebaš da se obriješ. – You are supposed to shave.

Ovde se dobro jede. – This is a good place to eat.

sendvič – sandwich

Hoćeš da kupiš sendviče? – Do you want to buy sandwiches?

sestra – sister

Hoćeš da me upoznaš s tvojom sestrom? – Do you want to introduce me to your sister?

sezona gripe – flu epidemic

Dolazi nažalost sezona gripe. – Unfortunately, the flu epidemic is coming.

siguran, sigurna, sigurno (m/f/n) – safe

Dete je sigurno na putu do škole. – The child is safe on the way to school.

sigurno – for sure, sure, safe

Da, idemo u Beograd sigurno u utorak. – Yes, we are going to Belgrade for sure on Tuesday.

simpatičan, simpatična, simpatično (m/f/n) – sympathetic, likeable

Lela je veoma simpatična. – Lela is very sympathetic.

sin – son

Ja imam sina. – I have a son.

sitno → narezati na sitno – to cut small

Molim, povrće narezati na sitno. – Please, cut vegetables into small pieces.

sjajno – shiny, beautiful

Izgledaš sjajno. – You look beautiful.

skijanje – skiing

Skijanje je veoma zdravo. – Skiing is very healthy.

skijašica – skier (*female*)

Tijana je odlična skijašica. – Tijana is an excellent skier.

skijati, ja skijam – to ski

Ja ne volim da skijam. – I don´t like skiing.

skupo – expensive

Je li vino skupo? – Is the wine expensive?

sladak, slatka, slatko (m/f/n) – sweet

Kako je vaše dete slatko! – How sweet is your child!

slan, slana, slano (m/f/n) – salty

Da, sve je dovoljno slano. – Yes, everything is salty enough.

slaviti, ja slavim – to celebrate

Kada slavimo? – When do we celebrate?

sledeći, sledeća, sledeće (m/f/n) – coming, next

Sledeće nedelje počinje moj kurs. – My class/course starts next week.

slično – similar

To nije slično. – This is not similar.

smeđ(i), smeđa, smeđe (m/f/n) – brown

Ona nosi uvek smeđe pantalone. – She always wears brown pants.

smejati se, ja se smejem – to laugh

Zašto se smeješ? – Why are you laughing?

smena – shift

Ja radim u smenama. – I work in shifts.

smeti, ja smem – may

Smemo da uđemo? – May we come in?

smirivati se, ja se smirujem – to calm down

Deca se smiruju lako. – Children calm down easily.

smršati, ja smršam (*pfv. a.*) – to lose weight

Želim da smršam. – I want to lose weight.

so – salt

Gde je so? – Where is salt?

Trebam malo soli. – I need a little salt.

soba – room

Idemo u sobu. – We are going to the room.

sok (pl. **sokovi**) – juice

Želimo da naručimo sokove. – We would like to order juices.

spanać – spinach

Jedeš li spanać? – Do you eat spinach?

spavanje – sleeping

Velika večera pre spavanja nije zdrava. – Having a big evening meal before sleeping is not healthy.

spavati, ja spavam – to sleep

Ja ne spavam posle ručka. – I don´t sleep after lunch.

specijalitet – specialty

Želim da probam srpske specijalitete. – I would like to taste Serbian specialties.

sportski – sporty

On ima mala sportska kola. – He has a small sports car.

srpski – Serbian

Učim srpski (jezik) već par meseci. – I´ve been learning Serbian for a few months.

To je srpski specijalitet. – It´s a Serbian specialty.

stalno – always, all the time

Ne želim stalno da ustajem od stola. – I don´t want to get up from the table all the time.

stane – he stops; **stati, ja stanem** *(pfv. a.)* – to stop

Kako je? – Ide pa stane. = How´s it going? – Stop and go.

stanica – station; stop

> *Hoće li voz da stane na sledećoj stanici? – Will the train stop at the next stop?*

staviti, ja stavim *(pfv. a.)* – to put

> *Trebaš da staviš mleko u kolač. – You shoud put milk in the cake.*

> *Tanjir možeš da staviš na stol. – You can put the plate on the table.*

stolni tenis – table tennis

> *Skoro svako zna da igra stolni tenis. – Almost everyone can play table tennis.*

stres – stress

> *Ja nisam u stresu. – I am not stressed.*

stric – uncle *(paternal)*

> *Da, ja imam strica. – Yes, I have an uncle.*

strina – aunt, wife of „stric" *(paternal uncle)*

> *Idem da posetim strinu. – I am going to visit the aunt.*

strpljiv, strpljiva, strpljivo (m/f/n) – patient

> *Ja sam uvek strpljiv. – I am always patient.*

studentkinja – student *(female)*

> *Mala Suzana je već studentkinja. – Little Suzana is already a student.*

subota – Saturday; **u subotu** – on Saturday

Ne možemo da se vidimo u subotu. – We can´t see each other on Saturday.

sunčano – sunny

Danas je opet sunčano. – Today is sunny again.

supa – soup

Ja želim domaću supu. – I would like a homemade soup.

svakako – sure, in any case

Ja dolazim svakako! – I´m coming in any case!

svaki dan – every day

Ja vežbam srpski svaki dan. – I practice Serbian every day.

svakodnevica – everyday life

Moja svakodnevica je komplikovana, ali interesantna. – My everyday life is complicated, but interesting.

sve – everything, all

To je sve? – That´s all?

svet – world

Danas je svet mnogo lepši nego juče. – Today the world is much more beautiful than yesterday.

svi – all, everybody

Idemo svi na piće posle kursa? – Are we all going out for a drink after class/course?

svinjetina – pork

Ja ne jedem svinjetinu. – I don´t eat pork.

Š

šargarepa – carrot

Ja volim sok od šargarepe. – I like carrot juice.

šetnja – walk

Idemo u šetnju? – Shall we go for a walk?

šipak – rose hip; **čaj od šipka** – rose hip tea

Želim čaj od šipka. – I would like a rose hip tea.

škola – school

Kada ideš u školu? – When do you go to school?

špagete – spaghetti

Moja mama često kuva špagete. – My mother prepares spaghetti often.

Španija – Spain

Mi letujemo u Španiji. – We spend the summer in Spain.

šta – what; **šta želite** – what you want

Možete da naručite šta želite. – You can order what you want.

šteta – pity

Ah, baš šteta ! – Oh, what a pity! Too bad!

T

tačno – right, exactly

Tačno tako! – Exactly!

tako – so

Supa je tako dobra da mi moraš da daš recept. – The soup is so good, you have to give me the recipe.

Idemo tako da ne smetamo Vanju kada uči. – Let´s go so that we don´t disturb Vanja while she´s studying.

tako je – so it is

takođe – also, too

Ja sam dobro takođe. – I am doing well too.

tamo – there

Ključ je tamo, na stolu. – The key is there, on the table.

tanjir – plate

Mogu da dobijem novi tanjir? – Can I get a new plate?

tata – dad

Tata slavi rođendan u nedelju.   Dad is celebrating his birthday on Sunday.

te – (*acc., gen.*) you

Volim te. – I love you.

tebi – (*dat.*) you

Danas čestitamo samo tebi. – Today we are congratulating only you.

tek – only, not until

> *To možemo tek posle da vidimo. – We can see that later.*

telefonski razgovor – phone conversation

> *Možemo posle da nastavimo naš telefonski razgovor. – We can continue our phone conversation later.*

televizija – TV; **gledati televiziju** – to watch TV

> *Kada želiš da gledaš televiziju? – When do you want to watch TV?*

televizijska serija – TV series

> *Moja omiljena televizijska serija je na programu ujutro. – My favorite series in on the morning program.*

tenis – tennis

> *Kada obično igraš tenis? – When do you usually play tennis?*

teško – heavy, difficult

> *Tvoja tašna je prilično teška. – Your bag is quite heavy.*

> *Matematika uopšte nije teška. – Mathematics is not difficult at all.*

ti – you; (*dat.*) you

> *Anita, ti si veoma simpatična. – Anita, you are very likeable.*

> *Ja ti kažem da trebamo sad da idemo. – I tell you we should go now.*

tip – type

On? Ne, on nije moj tip. – Him? No, he´s not my type.

tipično – typical

To je tipično za njega. – That´s typical for him.

to – that

To je odlična vest. (vest – feminine) – This is excellent news.

točeno pivo – draft beer, beer on tap

Želite pivo u boci ili točeno pivo? – Would you like bottled beer or draft beer?

topao, topla, toplo (m/f/n) – warm

Tvoja jakna je veoma topla, zar ne? – Your jacket is very warm, isn´t it?

torta – cake

Tvoja torta je veoma ukusna. – Your cake is very tasty.

trafika – tobacconist

Idem u trafiku po novine. – I am going to the tobacconist to buy a newspaper.

tramvajem – by streetcar

Idemo do bioskopa tramvajem. – We go to the cinema by streetcar.

tramvajska stanica – streetcar station

Molim vas, znate li gde je tramvajska stanica? – Excuse me, do you know where the streetcar station is?

tražiti, ja tražim *– to look for*

Šta tražiš? – What are you looking for?

trebati, ja trebam – to need; should

Šta trebamo za izlet? – What do we need for the trip?

Mi trebamo da idemo. – We should go.

trening – training

Kada imaš trening? – When do you have the training?

turist (or: **turista**) – tourist

Ja nisam turist, ja živim ovde. – I am not a tourist, I live here.

tuširati se, ja se tuširam – to take a shower

Idem da se tuširam. – I'm going to take a shower.

U

u – in; for, to

U pošti nema mnogo ljudi. – There are not many people at the post office.

Kada ideš u Beograd? – When are you leaving for Belgrade?

u – at; in; **u pet sati / časova** – at 5 o′clock

Vidimo se sutra u pet sati / u pet časova. – See you tomorrow at 5 o′clock.

U koliko sati? = U koliko časova? – At what time?

U redu. – All right.

učiteljica – teacher (*female*)

Njena učiteljica je bolesna. – Her teacher is ill.

učiti, ja učim – to learn, to study

Da li učiš za vikend? – Do you learn on weekends?

udana (f) – married (*woman*)

Ona nije udana. – She is not married.

ukusan, ukusna, ukusno (m/f/n) – tasty

Kako je kolač ukusan! – How tasty the cake is!

ulica – street

Ne mogu da nađem tvoju ulicu. – I can´t find your street.

univerzitet – university

Vidimo se na univerzitetu! – See you at the university!

uveče = naveče – in the evening

Kuda idemo uveče? – Where do we go in the evening?

uvek – always

Ne pijem uvek kafu, ponekad pijem čaj. – I don´t always drink coffee, sometimes I drink tea.

V

valjda – (*emphasis word*) but, well; probably

Ne misliš valjda da sada idemo? – But you don´t want us to leave now, do you?

To je valjda njena tašna. – This is probably her bag.

vam – (*dat.*) you

Želim da vam čestitam! – I want to congratulate you!

van – (*where to*) out; **vani** – (*where*) outside

Mi idemo van, u prirodu. – We are going out, into the nature.

Mi smo vani, u prirodi. – We are out, in the nature.

Compare!

napolje – (*where to*) out; **napolju** – (*where*) outside

Idemo napolje da se šetamo. – We are going out for a walk.

Marko je napolju s decom. – Marko is outside with the children.

Važi! (*coll.*) – Ok! All right!

večera – dinner, evening meal

Kada je večera? – When is the dinner?

večeras – tonight

Večeras idemo u restoran, zar ne? – Tonight we are going to the restaurant, right?

večerati, ja večeram – to have dinner

Ja nikad ne večeram. – I never eat in the evening.

već – already; for

Ah, već je noć! – Oh, it´s already night!

Ja živim u Beogradu već deset godina. – I have been living in Belgrade for 10 years.

veći, veća, veće (m/f/n) – bigger

Molim veću jabuku! – I want a bigger apple!

vegetarijanka – vegetarian (*female*)

Moja komšinica je vegetarijanka. – My neighbour is a vegetarian.

veoma – very

Vetar duva veoma jako. – The wind is blowing very hard.

On je veoma dobro. – He is very well.

verovatno – probably

On verovatno ne zna tvoju adresu. – He probably doesn´t know your address.

vest (f) – news

Imam dobru vest! – I have good news!

vežba – exercise

Vežba je lagana. – The exercise is easy.

vežbati, ja vežbam – to exercise, practice

Mi vežbamo svaki dan. – We practice every day.

vic (pl. **vicevi**) – joke

Hoćeš da ti ispričam vic? – Do you want me to tell you a joke?

videti se, ja se vidim – to see each other

Kada se vidimo? – When will we see each other?

Vidimo se! – See you!

Vidiš! – You see!

Vidite! – See! See you!

viski – whisky

Ja ne pijem viski. – I don´t drink whisky.

visok, visoka, visoko (m/f/n) – tall

Tvoja devojka je veoma visoka. – Your girlfriend is very tall.

Drvo ispred njegove kuće je visoko. – The tree in front of his house is tall.

Compare!

velik, velika, veliko (m/f/n) – big

Tvoj novi auto je velik. – Your new car is big.

voda – water

Mogu dobiti i vodu uz kafu? – Can I also get water to my coffee?

voditi, ja vodim – to lead, to take; **voditi decu u obdanište** – to take children to kindergarten

Ko vodi danas decu u obdanište? – Who will take the children to kindergarten today?

Ti ih vodiš, ja idem po njih. – You´ll take them there, I´ll pick them up.

voleti, ja volim – to love, to like

Da li voliš Vuka? – Do you love Vuk?

Voliš li da ideš u operu? – Do you like to go to the opera?

volja – will; **dobra volja** – good will

To je njegova dobra volja da li želi da ide s nama. – That is his good will, whether he wants to go with us.

vozač – driver; **vozač autobusa** – bus driver

Vozač autobusa je veoma ljubazan. – The bus driver is very nice.

vreme – time; weather

Danas nemam vremena. – Today I have no time.

Kakvo je vreme danas? – How is the weather today?

Z

za – for; to; at

Za tebe imam uvek vremena. – For you I always have time.

Idemo sutra za Smederevo? – Are we going to Smederevo tomorrow?

Sedim za kompjuterom i pišem ti mejl. – I am sitting at the computer and writing you an email.

zabava – fun; **iz zabave** – for fun

Ja volim da igram karte iz zabave. – I like to play cards for fun.

zabavan, zabavna, zabavno (m/f/n) – amusing

Tvoj brat je veoma zabavan. – Your brother is very amusing.

začin – spice

Treba da kupimo začine. – We are supposed to buy spices.

zadnji, zadnja, zadnje (m/f/n) – last

Ja nisam zadnji u redu. – I´m not the last in line.

zaista – really

On je zaista bezobrazan. – He´s really cheeky.

zajednički, zajednička, zajedničko (m/f/n) – together, common

Dejan je njihovo zajedničko dete. – Dejan is their common child.

zajedno – together

Možemo zajedno zubaru. – We can go to the dentist together.

zar ne → *Voliš me, zar ne? – You love me, don´t you?*

zasada – for now, currently

Ja sam zasada zadovoljna. – I am currently satisfied.

zašto – why

Zašto su deca napolju? – Why are the children outside?

zato – because of that (*consequence*); **zato što** = **jer** – because (*cause*)

Vreme je sada lepo i zato idemo napolje. – The weather is nice now and that´s why we are going out. (consequence)

Mi jedemo jer smo veoma gladni. – We are eating because we are very hungry. (cause)

Zdravo! – Hello!

zeleni čaj – green tea

Ja ne pijem zeleni čaj. – I don´t drink green tea.

zgodan, zgodna, zgodno (m/f/n) – pretty

Njegova devojka je baš zgodna. – His girlfriend is really pretty.

zima – winter

Kada dolazi zima? – When comes the winter?

značiti, ja značim – to mean

Šta to znači? – What does it mean?

Znate ... – You know ...

znati, ja znam – to know; can

Ja znam njegovu adresu napamet. – I know his address by heart.

Ja znam srpski. – I can speak Serbian.

Ja znam Dejana, on je moj komšija. – I know Dejan, he is my neighbour.

zove se – he/she is called; inf. **zvati se, ja se zovem** – to be called

Ja se ne zovem Leo. – My name is not Leo.

Ž

Žao mi je. – I am sorry.

želeti, ja želim – to want, to wish

> *Šta želiš da jedeš? – What would you like to eat?*

želja – wish

> *Imaš li želja? – Do you have wishes?*

žena – woman; wife

> *Ova žena iza pulta je moja komšinica. – This woman behind the counter is my neighbour.*

> *Moja žena je direktorica. – My wife is a director.*

živeti, ja živim – to live

> *Ja živim ceo život u Beogradu. – I live in Belgrade all my life.*

žmurka – hide and seek (*children's game*)

> *Deca igraju žmurke u dvorištu. – Children are playing hide and seek in the yard.*

žurka (*coll.*) – party

> *U subotu je žurka kod Marka. – On Saturday the party will take place at Marko's.*

Serbian Reader

Available from December 2023

<u>*Level A1*</u>

Snežana Stefanović: IDEMO DALJE 1

paperback, ebook, audiobook, interactive ebook with audio

Snežana Stefanović: SERBIAN: Vocabulary Practice A1 to the Book "Idemo dalje 1" - Latin Script

paperback & ebook

Snežana Stefanović: SERBIAN: Vocabulary Practice A1 to the Book "Idemo dalje 1" - Cyrillic Script

paperback & ebook

Snežana Stefanović: SERBIAN: Simple Sentences 1

paperback, ebook, audiobook, interactive ebook with audio

Snežana Stefanović: SERBIAN: Simple Sentences 2

paperback & ebook

Snežana Stefanović: IDEMO DALJE 2

paperback, ebook, audiobook, interactive ebook with audio

Snežana Stefanović: Trifun i mali fudbaleri – Short Story

paperback & ebook

Snežana Stefanović: Learn Serbian Cyrillic, Textbook

paperback & ebook

Snežana Stefanović: Small Travel Vocabulary

paperback & ebook

Level A2

Snežana Stefanović: IDEMO DALJE 3

paperback & ebook

Snežana Stefanović: A2 Jokes and Anecdotes Part 1

paperback & ebook

Snežana Stefanović: A2 Jokes and Anecdotes Part 2

paperback & ebook

Level A2 – B1

Snežana Stefanović: IDEMO DALJE 4

paperback & ebook

Please visit us at

www.serbian-reader.com

and find out more about other books and media for learning Serbian.
New books and digital media are published continuously.